적도에 이는 바람

배정태 시집

오늘의문학사

◆서문◆

모든 형성으로부터의
결정체가 모래시계처럼
소진하던 지난 가을,
조금 더 붙잡고자 망설이던
낙엽마저 떨쳐낸 하늘에
한가득 흰 눈이 내린다.
냉철한 자비 한 필 펼친 땅 속
희망 한 톨 봄을 키운다.
제자리 놓인 것들이 정갈한 아침이다.
진작부터 네 번째 시집은
더 나아지려 생각했지만
얼마나 독자에게 다가갈 수 있을지
걱정이 앞선다.
아직도 시골스럽기만한 내가
문학동네 어울려 글이라 씀이
신기하고 행복할 따름이다.
이 길 함께 한 모든 분들께
새 봄에 치솟는 싹처럼 힘찬 하루와
불멸의 혼이 깃든 글 쓰시길 빈다.
양지 한쪽 차지한
매화가지 벙긋한 아침에.

2013년 2월
삼성서실 深泉 배 정 태

차례

1부 그 섬에 동백이 피면

2부 강 따라 가다보면

3부 가을비에 젖은 땅

떠난 곳에 오는 눈

매듭 달

1부

그 섬에 동백이 피면

감자 싹

이월의 마지막 날
감자 싹을 딴다.
용케도 쭉쭉 뻗은 집념 하나가
시린 발치마다
말간 씨감자를
송알송알 달고 있다.
등짝에 붙은 고뇌가
따내는 손끝에 한기처럼 파고든다.
매섭고 질긴 생명 하나
해맑은 등 하나 밝히는데
뒤늦은 후회
천근처럼 무겁다.
바짝 마른 껍데기 속엔
어느 날 협곡처럼 팽겼던
내 어버이의 손등,
철들지 못해
방황하는 망칠(望七)의 봄이다

그 섬에 동백이 피면

묻었던 마음들
봄나들이 나선다.
산골에 숨었던 겨울이
독한 생존 두고 간 날이면
남쪽하늘 아래 남기고 온
항시 푸른 동백 숲으로 간다.

젊은 날 그리움의 잎새들
도톰하게 살이 붙어
검푸른 입술로
해진 가슴 봉긋이 열리고 있다.
잊혀진 화신들
끊겼던 먼 추억의 타래가
문득 이어짐일까.
어설피 웃는 초봄
녹슨 가슴 더듬어간 끝단에서
동백은 노란 분을 바르고
대숲 길을 나와 나를 부른다.

길목에 피는 꽃

겨울로 가는 길과
봄으로 오는 길목엔
각기 다른 성깔의 꽃이 핀다.
바램 속에 바람은 불고
재촉인 듯
등 밀고 간 등성이 너머로
가슴을 열고 봄의 여신 오는 날
아직 찬 가슴 헤집는 솔기마다
첫정을 달구어 피가 돌고
그리움 스멀스멀 가지 끝에 머물다
기다린 파란 소망마저 잊은 채
안 풀린 부호들
땅에 두고 떠나는 목련은
내일을 그린다

뭍에서 오는 봄

땅 끝을 타고 오른다. 바다는 참았던 심장 터트려 뿜어내는 정열로 벌써 언 땅을 적신다. 목울대 꺾고 엎드려 기도하는 붉은 정염(情炎)들. 먼 날을 기억하는 동공 속에 타래 문 갈매기 맴을 돈다. 벌써 그리운 마음은 자박자박 안달이 나고 꿈에서 막 깬 남풍이 못다 한 자취 남겨진 언덕에 빛바랜 정 하나 아직 그리워 바다 닮은 푸른 사연 전하는가. 조춘에 철딱서니들 뜨겁기만 하던 첫봄에 피는 듯 땅에 누운 동백꽃 요절의 나신들 움켜쥘 때면 시샘인 듯 쓸고 간 회오리바람 먼먼 날 접을 수 없어 한번쯤 그 바람에 맞서고픈 봄

애린 초봄

지금쯤 붉게 꽃 피는가
봄 되면 피어나는 진한 기억을
올해도 잊으라는데
시신경 꼬집고 드는 영상
긴 세월 기억의 저편에
목울대 뚝뚝 꺾는 동백의 계절은
선혈을 발치에다 흩뿌리며
그대 바람처럼 돌아오란다.
끝없이 달려가던
너른 들 지나 쌍곡선 굽이마다
상큼한 매화향기 흩어져
잠든 겨울나무 삭신 깨우면
양지 편 버들은 벌써 취해
물오른 파란 몸뚱이 내두른다.
욕망처럼 치솟던 쑥 무더기
기약 없는 발길에 뭉개질 때면
비명 같은 향내가
무심한 발등을 잡는다.

봄을 따라 가신 날

봄은 오는데
아픈 봄은 오는데
간밤 꽃샘추위도
한겨울 견딘 가지 위에
생기로 다가오는데
못다 한 인연 두고
떠나간 산마루에도
산수유가지 찾아 노랗게 오는데

슬픈 기억 보듬은 앞강에
안개비가 내린다.

기억은 높아진 안테나처럼
푸른 전신을 보내지만
회신 없는 허공에
속죄 한 개비 태우는 날
무상의 눈자위 위로
흩어지는
한줄기의 향불 연기

첫정 같은 봄비

생명 한줄기 성스러워라
보듬어준 질긴 정 하나
목 타는 분진 속에 견딘 날들
고뇌의 시간이 밀려난다.
속 가지 파란 핏줄 살리려고
긴 겨울의 약속은 잠을 깨운다.
바람마저 부드러운 날이면
상처로 그늘진 땅을 찾아
한숨 돌리는 자상한 비가 온다
매정한 가지 끝에
겉마른 슬픔에도 희망이 필까
첫정처럼 내리는 실비 속
갈증은 또 다른 욕망을 부르고
깊은 망설임
침묵의 동토에도
응어리 풀어헤친 가슴들로
푸른 깃발을 올린다.

상처 속의 향기

겨울 견딘 상처가
문주란 잎 끝에 흔적으로 남아
허전한 봄날의
한쪽 볼을 매 만진다.
옆집 창문 여는 소리에도
귀가 번쩍 뚫리는 날
하늘은 온통
눈웃음으로 사래질한다.
등덜미 잡힌 몸도
남으로 가고 싶은 소망 하나
늘 푸른 남해의 물결 너머
고향 길을 찾는다.
언제일까 먼먼 날 까마득한
막내의 신혼 길에 따라와
낯선 땅 터를 잡은 삶이
견뎌낸 지난 겨울 유독 시리다.
태어난 쪽빛하늘이 와락 다가와
그리움으로 밑동만 굵어간다
해 걸어 피운 꽃향기 짙게 쌓여
고향 내음 온전한 봄이 되면

파랗게 부푼 별을 안고
상처 짙은 향기가
봄 줄기를 오른다.

봄비

한겨울 끝을 잡고
찬비가 온다
겨울먼지가 덕지덕지 낀
둔탁한 유리창에 내린다.

얼룩진 눈물자국 사이로
밀려다니는 칙칙한 풍경들,
간밤의 악몽마저 무거운 어깨에 남아있는네
터 잡기 시작한 장미의 꽃눈 속
비집는 기쁜 소식 한줄기가
마른 살갗을 토닥인다.
메마른 심장이 뛰고 있다.

파릇한 향기가 밀려오는
그녀의 가냘픈 손짓으로
봄을 찾는 날
빗속을 서성이는 잠든 정원에
덤불은 붉은 눈을 잉태하는 아침
흙으로 빚은 생명들이
젖무덤 향내를 맡는다.

초봄

봄은 골 깊은 오지에도
기별의 손짓을 한다.
눈 녹인 너른 벌판 위에
푸르스름 스치는 치맛자락
혹여 긴 밤의 환상일까!
술렁이는 냇가 빛바랜 댕기머리
실버들 벌써 색이 오른다.
남에서 치닫는 바람
북상하는 철길 따라
시새워 덜꺼덩 덤벙대며
서두는 원동역 매화가지
벌써 붉은데
바람막이 늘 푸른 대숲은
긴 겨울 내려놓고
산비탈 둔덕 위에 별을 품는다.

봄비 속 삼월은 갔다

촉 하나 키워내는
빗금의 반란이 찾아오면
메마른 등짝을 두들겨 깨우는
황토 내음 짙은 언덕엔
벌써 다툼의 아우성이 들린다.

겨우내 침묵의 기도가
산골보다 한걸음
먼저 온 빌딩 주변의 화신
까칠한 눈 비벼대는 삼월 말
연삼일 흠처 내는 가랑비
찌든 창밖을 닦고 있다

기다리는 마음은 붉고
창틀을 흔드는 바람 한 점에도
선잠을 깨는 삼월 꼭두새벽
쓰다듬는 아직 찬 손길에
목단 꽃봉오리 배시시
웃음 짓는 사이 삼월은 갔다

그 사월의 붉은 꽃

봄의 꽃들은
피는 듯 이울고 있다
차디찬 허공에 매달려
향내를 피우지 않겠다는
청 매실 가지 위에
못다 한 아쉬움이 잉태한다.

사월의 발자국 묻으려 삽질을 해도
활활 타오르는 19평 밭 언저리
뭉친 뿌리들의 울분이
죽순처럼 치솟고
검붉은 아우성은 깊은 골까지
달려가 함성으로 쏟아진다.

바위틈 몸 비튼 나무에도
완연한 봄은 오는데
피멍든 4월은 아픔을 달래며
오로지 기억 하나
우듬지를 키운다.

삼월 대숲에서

삼월은 서걱이는 대숲의 대화가 요란하다. 유독 추웠던 겨울 흔적 마른 잎들 되살릴 것인가. 부실한 줄기 수액을 끊을 것인가. 간밤의 요란하던 대화가 왁자글 떠나가는 삼월은 분주하다. 여명을 쫓아 박차고 오르는 새떼와 아직도 얼밋얼밋 거리는 항시 졸린 솔부엉이마저 끌어안고 살 것인가. 속 비운 대숲은 더 푸르고 싶은데 그 질긴 세월 끌어안고 마지막 꽃이 핀다. 꽃이 피면 개화병 몸에 들고 텃새마저 품에 안고 피워야하는 죽음의 꽃 피기 전에.

잔설의 계절

망가진 시간들이
듬성듬성 파고드는 속살에
아직도 백설의 흔적이 완연하다.
매화꽃 부스스 선잠을 깬
삼월 들녘
겨울이야기 오순도순 그리워
날 잡아 남으로 가는 날
아직 잔설에 연연하지 말라하네!
곧은 대숲 텃밭 위에 머리 꿇려
무슨 독백 들으려 밤새 온 삼월의 눈
푸른 솔가지 힘겨운 무게로
온산이 허리 꺾인 침묵 속을
꿩의 병아리 기어가듯
서너 시간 기고 나면
잔설처럼 남았던 추억과
매화의 작은 미소마저 묻힌다.

찔레꽃

목마른 오월이 타고 있다

찔레꽃 필 때쯤이면
홀연히 버리고 떠난 잔상 하나
머뭇거림도 없이 돌아선 하늘
오늘은 서글픈 얼굴로 다가와
한번쯤 털퍼덕 울 만도 한데!
사월의 끝자락 상념만 태우나가
산그늘 들 때까지 가슴 쓰리다.

높기만한 파란하늘이
뭉게뭉게 밀리는 그리운 밤이면
곳곳에 찔레향기 도배 위로
덧칠하고픈 영혼마저 잠들고
내일의 아침이면
또 다른 소망 하나 활짝 피어라.

봄밤

하르르 하르르
부서져 나리는 봄꽃 속엔
놀라서 잠깨는 늦은 가지
목덜미에 한바탕 휘감기는
산비둘기 애교가 살랑거린다.
골짜기마다
샛노란 사연 나눈다.

지난밤 하얗게 밝힌
가쁜 숨의 오르막길
길섶은 하루가 다르게 푸르다

해마다 오간 고갯길
협곡을 돌아
이우는 봄꽃가지 위를
박차고 나는
갈 길이 바쁜 물새들의
짧은 궤적마저
삼켜버린 심연에 봄밤이 내린다.

흐린 눈에도 봄이

몽롱한 눈 속으로 찾아드는 봄
강바람에 휩싸여 더듬거리는
잠든 물속 휘젓는 봄빛 한줄기
설렘의 봄이 일어선다.
나룻배 끊긴 둔덕 위로
아직 살아있는 추억들
우뚝 선 교각 위로 쌩쌩 흩어진다.

맑은 눈빛 같던 강물마저
파랑(波浪)의 세월 속에
터덜터덜 부르트고
삭신 아픈 하류에 다다르면
아우성이 커져간다
맑던 하늘마저 심난한 봄날
휘청이는 발걸음 잠시 멈춰서면
근원지 치솟던 물빛에 목이 마르다

등 굽은 붕어의 빨간 눈빛 속에도
꼼지락거리는 봄날은
도화선에 불을 붙인다.

땅내 맡기

모래고을 산밭에 재작년 옮겨 심은
매실나무 빨간 줄기가
마지막달 세모 속에서
이 겨울 진저리치고 있다
연약한 생명 한 줄기
모래땅 뿌리 내리기까지
잡초들의 기승을 견디기란
온몸을 찢기다 주저앉는다.
칡덩굴에 포박된 채
지질마저 얕은 시련의 땅
받쳐줄 버팀목조차 없는데
멧돼지덧니보다 매서운
욕심의 손아귀에 밑동째 잘린
그루터기 주위
억새 덤불 베어낸다
소생할까 염려하는 손끝에
잡히는 반신반의의 질긴 심줄
빳빳하게 일어서라 봄을 맞아라.

잦은 빗속의 모란

아직도 봄인데
흠뻑 젖은 땅거죽 주물러댄다
그래도 더 내릴 기세다
날개 죽지 성글고
등마저 드러낸 새
추녀 밑에 세월을 쪼고
새끼 품은 해피는 늦잠을 잔다

한줌씩 부서져 내리는
낙화의 아침
모란이 핀 지 겨우 몇 날
요절의 현장엔
생손가락 꺾듯
코를 찌르는 비명
빗속에 쓸려간다

조막손 노란 꽃술 움켜잡는 막장엔
발악의 향기가 쫓기는 봄 멱살 잡는다

3월의 눈

때 늦은 삼월의 눈(49cm)
숨찬 날개 접어도 부딪치고
서로 엉겨 다투며 오는 눈

냉기로 금이 간 땅속에는
저리도 기다림들이 많은데
겨울 견딘 재롱떠는 손톱 싹을
시샘하듯 초야부터 퍼붓는 힐책인가
폐광처럼 흐르는 골목길
질척이는 세궁민의
발자국소리 서럽다

허구에 놀란 눈덩이 속에
철퍼덕 주저앉은 땅
억장마저 무너진 눈사태 뚫고
바람막이 앗아간 들판에도
봄은 정녕 밝은 태양 비추리라.

* 04년 4월 3일 폭설

2월산에 오는 봄

꿩의 병아리 종종종
어미 좇아가던 골짜기
안개비 다녀간 오후
해묵은 까치 한 쌍
삭정이가지 몇 개 걸쳐놓고
요란 떠는 일 년 설계가 붐빈다.
뒤질세라 쇠딱따구리
왜소한 망치질로
무르고 연한 곳을 뜯다보면
봄 한나절 해가 어둑해진다.
벽오동 곧고 탱탱한 푸른 줄기
긴 겨울도 아랑곳하지 않고
치솟는 우듬지의 충동을 달랜다.
은밀히 뚫어대는
극성스런 인간딱새들
올해도 수난의 고로쇠나무
오는 봄은 잠시
순리를 늦출 뿐이다

청미래 덩굴

목이 타는 산천에
새싹부터
기름기 자르르 흐르는
울 엄마 치마폭에 지름나물
너와 함께 구황된 삶이
춘궁을 지고 넘던 산채보따리
이제 침묵도 대답인 양 들린다.
가신 님 찾는 산길에서
발목 잡는 청미래 덩굴 파란 손
어린 기억은 벌써 침을 꼴깍 삼킨다.
두어줌 뜯어들고 하늘을 보면
정성 하나로 살아온 모정의 세월
올봄도 이렇게 가뭄 날에
입맛은 벌써 정마저 잃고 사는지
깨가 듬뿍 쳐진 그 나물인데
이미 찢어진 헌 보퉁이에
정성 한주먹 빠져나가서일까

여울목

실버들도 기웃대는 여울목이 가소로워 맨 발목 들려 밀고 건너볼까 얕보다가 봄을 품고 오는 물 아직도 앙칼지다 발목을 도려낼 듯 서슬 퍼렇다

얕은 속내라고 가냘픈 몸이라서 우는 줄만 알았더니 도도히 흘러간 파란만장 흐름 속에 이렇게 아픈 추억 기억하고 있을 줄이야 푸른 강 하류쯤에 모습 하나 찾을까봐 여울목에 찾아와 목 터져라 부른다.

세월의 느낌도 까맣게 잊은 채 돌아온 강변길은 마른 잡초뿐 낡은 글자 다듬어서 오늘도 살이 센 여울목을 건너지 못해 섶다리를 놓는다. 망가진 기억 하나 건지려 간다.

솔가지에 부는 바람

솔밭에 바람이 불면
꽃가루 기승을 부리다가
참회인 듯 젖는 바닥에 몸을 눕힌다.
극성의 봄날 난장판이 끝나나보다
숨 가쁜 목젖에 매달려 긁어대던
춘투라는 불청객
한 줄금 소낙비에 물러서는 꽃가루
단 한번 내딛는 봄날의 화음이다
도망치듯 빠져나간
누런 흔적들
아직도 상흔은 큰 강의 앞을 가려
햇빛마저 가로막으면
저항의 강심은
녹조로 파랗게 운다.
바람은 또 다른 내일을 향해
보람찬 바다로 달려가겠지

2부

강 따라 가다보면

강 따라 가다보면

여름 강 무섭게 흘러간 자취
분지 어디 쯤에
노랑 할미새 찾아와
한나절 춤추다 간 후로
속살 드러낸 갈대끼리
어울러 포옹한다.

비릿한 추억이 뒹구는 길섶
철새가 깃을 치듯
오는 듯 가고 마는 얼굴들
젊음을 노래하는 갈대야
네 곁에 이삭을 이고 휘청대거든
곧은 줄기 굳게 뻗어
찬 밤의 우박쯤은 막아주렴.

반백의 초로에서
서툰 눈으로 산 그림자 속을 간다,
시간은 그물질로 발목잡고
황갈색 줄기만을 남긴다

타는 유월 속에

개개비 울부짖는 오뉴월 열기가 목까지 찬다. 갈대 숲속 한 낮의 절규 무슨 사연 가슴에 묻었기에 유월 산천은 붉게 타는가. 땅에 묻힌 삭은 철모 속으로 뿌리를 관통한 찔레꽃은 오늘도 찌르는 향내가 녹슨 철조망을 잡고 무성한 덤불 속을 뒤적이는가.

혈육 찾는 어미마저 사라진 반도의 하늘 아래 유월은 항시 목이 타오르고 개개비 대를 이어 오가며 울부짖는 땅 막힌 길의 간격은 좁힐 줄 모르네. 구름 한 조각 흐르듯 진정의 소통이 그리운 날 해묵은 슬픔의 벽 허물라고 울부짖나

빈집

여름은 녹슨 철 대문을
녹음으로 가리려 한다
간혹 찾아온 인기척마저
잡풀 속으로 가라앉는 집,
그리운 사람들의 밀어는
방구들을 떠나
연기 속으로 사라진 먼 하늘에
벌써 잠자리 두어 마리 난다
땡볕에 볶이던 땅에도
파릇한 꿈들이 돋아나던 집
이 여름 조그만 텃밭마저
잡목 속에 경계를 잃어간다
아직도 미련 한 덩이
매달리는 서까래 숨찬 비명
신작로 기름내 뒤섞던 날
그들은 대처로 갔을까
덩달아 떠난 발길이거든
땀 절은 세월에 묵은 빈집에
가을볕 토닥토닥 따라서 올까

밤꽃이 피면

유독 비릿한 밤꽃 향기
경부선 천릿길에 흩어지는 밤
먼 기억의 열차가 달려온다.
항시 남도로 달려가던
내 마음 온통 그리움 안달이 나고
날 새기 전
푸른 바닷가를 서성이고 있었지!
푸른 물결
이 밤도 파도처럼 밀려와
밤꽃마저 무성한 지금
둑 밑에 발아하거나
딴 생의 먹이가 되지 못한
껍질만 앙상한 기다림 하나
송이째 마른 추억 한 가닥이
마지막 봄날을 못 놓겠다고
으르렁대며 창틈으로 밀고 든다
진한 몸짓으로 오늘밤 떼를 쓴다.
아직도 어둠에 잠긴 나의
까칠한 마른 가슴을 후비고 있다.

잘린 꼬리의 아픔

한낮 할딱거리는 한 마리 도마뱀
오뉴월 뙤약볕 백사장 먼 길을
후끈 닳은 모래알 걷어차며
달린다, 태양이 작열하는 땅
간혹 뭉개진 추억이
돋아난 내 꼬리를 잡으면
몰인정 잘라버리고 온 길바닥에
한 조각 파닥이다 멈춘 혈관들
이 여름 모래밭 타오르면
내 심장은 더욱 숨이 차고
자라난 꼬리뼈가 더 아프다.
돋은 뼈 찜질하듯 살다보면
불같은 모래의 따가움마저
두발로 버티는 기교를 배운다.
갈증의 세월 저편 원망은 말자해도
나 얼마나 모래가 더 뜨거워야
자르고 온 꼬리의 아픔을 잊을까

속 터지는 연(蓮)

칠월 장마에
흐드러지게 웃는 연
이 연 저 연 그 연
모두가 예쁘고 잘난 연
아랫도리 훙건하게
진창에 젖은 채로 웃는 연
쪽찐 머리 독침을 꽂고
배시시 웃는 가시연
칠월은 온통 광란의 계절
뜨겁게 녹이려는 정열
온갖 잡연의 드잡이 농간들
전라의 몸뚱이
하늘만 가린 채
절정의 순간에도
묵언정진의 당찬 연
덩실덩실 엉덩이춤을 춘다.

장마 속에 피는 꽃

짙은 녹색 물감의 계절 여름은 모두를 싸잡고 가잔다. 따라가기 싫다고 오욕 냄새를 풍기는 놈까지 서둘러 끌어안고 원색으로 가잔다. 눈에 보이는 놈들은, 공중에서 보이지 않는 놈들은 생명의 숨구멍을 파고든다. 며칠간의 장마에도 새벽하늘 받치고 피는 호박꽃 강인한 자연의 숨소리 푸르다. 여름 새싹들 포장 속 하루가 버겁다. 시련을 견뎌야할 계절에 대책 없는 선동은 21세기 반목으로 휩쓴 범람의 강, 성난 빗줄기 백년대로 밑을 홍수(紅水)의 칼로 후려친다. 속이 빈 신작로가 위태롭다.

흙탕물 쓸고 간

깊은 산 쓸어안고 뒹구는
태풍과 장대비는 반항아
뭉개진 풀밭 잘린 황톳길
풀냄새 누런 황톳물
하늘로 솟구치듯 갈기 세운다.
충동의 낙뢰는 채찍을 휘두른다.
닥치면 쓸어버리는 망나니
아수라의 번뇌 범람함인가
격동의 시간
비산의 물안개 흙내뿐이다
살갗 찢긴 생땅의 분노가
제방에 매달려 물어뜯는다.
골짜기 해가 뜬 몇 날 후
숨죽인 폭포는 망가진 물길 달래
폐허의 잔재를 다독이며
가뭄 날에 부르던
노래를 꺼내놓고
맑은 눈빛들 다짐하듯 재잘거린다.

나루

그곳엔 혼자이거나
혹은 낙엽처럼 떠가는 길
때론 얼싸안고 환희의 눈물도 있다

가슴 타는 기억들 남아있는 곳
철 따라 정에 울고
보내는 아쉬움과
맞아야하는 삶의 언덕
비 내리는 비릿한 부두이거나
봄 햇살 노곤한 강나루에
그가 떠나간 날처럼
오늘도 희망 찾아 가는 사람들

기다림에 등 굽은 노모가
눈자위 부비며 강 건너를 살핀다,
가슴속 아직도 남겨진 자리
떠나온 나루에 계절이 가도
나루엔 서로 다른 길들이 있다

황톳물

산동네 대화가 쓸려와
사방으로 솟구친다.
소낙비 광란의 몸짓
하늘까지 치받으며 뛰고 싶겠지.
찔레의 속 타는 가뭄도
숨죽여 모른 척 하더니
오늘은 머리 풀고 우는 탕녀처럼
붉은 물길 강바닥을 뒤엎고
골짜기 다랑이 논마저 삼켜버렸다
어제의 선한 낯빛 기억하는 산하에
보듬은 속정 하나 있거든
저산에 허리 안개 올라라.
억장 같은 네 마음도
석양 속 잠길 무렵엔
골마다 합창하는 물줄기 되어
방황과 반신의 거친 날 가고
화합 한 줄기 청산을 감싸듯
휩쓸린 새싹까지도
숨 돌리는 황토밭을 이루자

칠월 명상

그리도 뜨거운 햇살 속
청포도 덩굴 속을 누비며
기 쓰고 달라붙던 직박구리들
올해도 이때쯤에
화끈한 그대 닮은 삼복은 찾아들다
웃자란 푸름 한주먹 쥐어짜면
살아온 짙은 녹색 물감이
가슴속 주르륵 흘러서 젖고
그리움 움켜쥔 채 날이 샌다.
간난배기 보채듯 열대야 속에
덩달아 달라붙는 지난날들
이 밤 한시름 삭이고 나면
내일 위한 한줄기 소낙비 올까
달궈진 불모의 땅에도
메마른 몸뚱이 기억 하나로
가파른 길 헐떡이며 간다.

한낮의 소나기

밤새 달궈놓은 땅 후끈후끈 보채는 한낮의 불청객 남은 숨통을 막아버릴 듯 팽팽한 긴장의 여름은 경쟁이다. 어느 쪽도 늦추지 않는 눈치싸움 맹렬한 이글거림만 있다. 냇가 갈댓잎 작은 미동에도 고마운 바람 한 줄기 그리울 때 하늘은 편들지 않는 자비 한 줄금에 닮은 가슴 뜨거운 김을 토한다. 순간의 짧은 화합마저 그리운 날 무수한 여름밤 보채던 심장 한번쯤 번열을 식혀 달라고. 하늘 향해 무섭게 치받는 여름 숲의 항변에 간밤의 신열 달래는 풋사과 아삭아삭 비를 마신다.

여름날 명상

가끔 소나기 한 줄금씩
뿌리는 오후가 있어
여름은 견딜만하다
아침이 한낮처럼 덤비면
기죽은 세궁민 어깨쯤은
녹초가 되겠지.
겨울 시련에 쩔쩔매고
변화마저 더딘 아침
싸맨 겨울의 포장을 벗기다
수캐미 비상을 위해
후루룩 날아오른다.
미물이라 천대하며
밟아버린 너희는
오늘하루의 일진과
아니 몇 날쯤을 알고 나는가
불용의 시간되면 떨쳐버린다는
개미날개
유난히 빛나는 아침이다

넝쿨손 무성한 유월

모두들 기댈 곳과
잡을 곳도 없다 절망하지만
푸른 하늘은 희망이라고
바람이 밀어주고 등 쓸어주면
유월하늘 더 높은 길을 찾는다.
우뚝 선 나무들과 동행한다.
흔들림에 때로는 절망이 와도
손끝에 닿는 기별이 오면
허리 뻗어 움켜잡고 결박을 한다.
뒤따르는 찬란한 푸른 업적들
먼 훗날 눈부신 태양 속에
신념의 꽃 피운 날에는
당찬 반석이거나
불멸의 종이 한 장에
선명한 줄기의 업적을 심어
내일의 이 땅 다시 무성할
저 넝쿨손의 끈기가
잡고 있는 유월 하늘이 푸르다

찔레꽃 가뭄

산천은 붉게 타는 욕망
찔레가 필 때쯤엔
대지가 목마르고
찔레꽃 가뭄 꿔서라도 한다더니
올해는 가뭄이 들기 전
단비가 내렸지만
온 누리에 갈등의 꽃 잔치다
쉽게들 하는 말 원망말자 화합하자
그럴싸한 겉도는 세상 격정뿐이다
너와 나 갈등의 골이 깊을수록
등성이에 더 큰 목마름이 오고
영역을 벗어난
뿌리들의 결집은
또 다른 나무를 가물 타게 한다.
산천에 붉게 타는 꽃
찔레, 때찔레 필 때쯤
갈등과 허울뿐인 시간 가고
포장을 마다하는
토종찔레가 필까?

팔월 초입

창가에 매달리는
애절한 호소
오늘 무슨 사연 또 있어 저리
합창으로 새벽을 열까,
땅 심 달래는 빗줄기 잦아들고
지난밤 번열과 싸우던 바람에
작은 꼬리가 생겨 살랑댄다.
살갗에 남은 따가운 여름의 상흔
자국들 조각처럼 남았는데
아직은 가슴을 몽땅 열고
모든 것 풀기엔 이른 계절인가
수수밭 푸른 잎 사이로 보이는
언뜻언뜻 스치는 파란 소망의 하늘
모시 날개 파르르 날아올라
반길 것 같은
초립 길 가을은 붉은 곡예사
악다구니 매미의 바턴마저 놓치고
애끓는 귀뚜리의 몸부림만
목청 돋우는 혼돈의 입추 근방.

장마 속에

파랗도록 환한 낯빛으로 살다가
살핌도 마다하고
오늘은 울분을 터트린 종일
밤새운 분풀이도 모자라
태양마저 가리고 섰다

억제된 분노 속의 어미마냥
계절 거스른 웃 자란 숲 위를
사랑의 매질로 다스린 상처에
햇빛 다림질 견뎌낼 순(筍)을 위해
연삼일 다잡을 기색이다.

이 여름 가기 전
찌르륵찌르륵 매미가 울면
용서가 파랗게 찾아드는 날
흥건히 젖은 세월 깊은 곳에
힘찬 심장의 박동을 건다.

풍경

꼭두새벽
목쉰 오토바이 달리는
연립 몇 동 섞여 있는
집 앞 골목엔
가끔 마른기침의 사내가
액셀러레이터를 당기고 간다.

화분에 담겨진 갈증과 갈망
목말라 얼굴이 누런 화초
초여름 흐드러진 산딸기나무
새콤한 입맛 남았는데
새순 틔운 묵은 가지가 노랗다.

우유팩 절실한 생명
밝아오는 전령사의 고된 아침
숨찬 소리에 거리는 더워지고,
내 뜰 꽃대마저 못 세운 난(蘭)들
미지근한 물로 채근하는 나를
한여름 아침은 모른 체한다

유월이 남긴 하늘

세상은 푸름으로 가득한데
절망에 지친 자를 위한
몸 하나 바로 세울 공간은 없나,
나라 위해 살다간 선구자
선명하게 긴 그림자 긋고 간다.
울부짖던 빈손에 들여진
암호 같은 업보들
치열한 퍼즐게임을 한다.
급박한 조국(祖國) 앞에 의연했을
유월, 임들의 뜰에
두 손 모으면
몸과 마음 무거운 하루다.
광활한 공간 불꽃처럼 산화한 넋
찬 돌에 새겨놓은 불씨 한 알을
감싸는 하늘이 아직 푸르다.

태풍 그 후

살아있는 것들의 현기증이다.
하루를 여는 동녘의 거친 숨소리
밤새워 시새운 경쟁 속엔
하룻밤 생과 사가 물거품처럼
둥둥 떠가다 사라지고
날이 새면 또 다른 새날이 온다.

뭉개진 뜰 시퍼런 다리 밑에
훑고 간 태풍 '나리'는
바위덩이 뼈마디만 남겨놓고
사라진 들판이 안쓰럽다

여름내 벌겋게 닳은 몸
식히려 온 빗줄기 고맙다 했건만
치유를 바라는 땅의 껍질마저
갈가리 찢김 속에서
아직도 파란 씨눈 한 알
바위 틈 황토 한 줌을 그린다.

뻐꾸기 울음

뻐꾸기 울면
오뉴월 산판은 긴장을 한다
헛공사 텅 빈 마음 눈뜨고 당하는
힘없는 작은 새들
그들이 남긴 눈물사연 오만가지
시침 떼고 알을 낳는 그 어미
혼자 살려고 밀어내는 새끼의 오만
가증스런 뻐꾸기 그늘에 앉아
어미소리 잊지 말라
뻐뻑꾹 뻬~
제 새끼 잃은 오목눈이
누추한 생명 거두는 유월이 탄다
공생을 거부하는 습생 때문에
권모술수로 망친 둥우리
온 산판은 네 것이 아니고
모든 둥지가 네 집이 아닌데
가증의 극치가 끝나는 날
지어미 찾아 서쪽 하늘에
매처럼 날고 싶을 게다.

8월이 되면

고향, 그곳엔
돌다리 밑 송사리 가재
먼 기억 물살처럼 흘러든다
턱 높은 문지방 너머
목 늘여 나를 찾던
어머님 기다리던 집

늙다리 방울소리 잠을 깬 아침
사랑채 부엌에는
지금도 삭정이 불길 활활 타는지
무쇠뚜껑 무게를 뚫고
쇠죽냄새 진동하면
울안 가득 파랗게 물들고
움퍽 패인 부엌에 쪼그려 앉은
어머니 야윈 모습 보인다.

가을날 풀씨처럼 떠돌다가
저무는 골목길 흙투성이 맨발로
철부지처럼 가고싶다
팔월의 고향이 달려온다.

매미가 우는 도시

열기로 채워진 도심을 지난다.
모처럼 강물이 쏟아지듯 우는
말매미 소리를 듣는다.
얼마만의 긴 장마 끝나려고
저리도 기뻐서 노래 부를까.
푸른 가지에 바람 들면
터져 나오던 구호거나 응원가
햇빛 충동의 페로몬을 발산하듯
줄선 놈들은 두 주먹 치켜들고
기차 화통처럼 목이 터진다.
황톳물 휩쓸고 간 자리
새물 따라 오르는 피라미 떼
폭우에 쓸린 들에 악다구니들
내 정원에 껍질을 벗어놓고
날아간 놈들도 저리 요란을 떨까.
창공에 당겨진 시위 줄처럼
팽팽한 오후.

아직 입추 전

지천에 붉게 타는 속살의 아픔들
가을 길은 땡볕에 그슬러온다
맨땅에 나뒹구는 알몸들
햇살 속 뛰어든 삶의 고통
주체 못할 숨 가쁜 하루가 간다
털끝까지 열기로 숨 막히고
따갑다 떨쳐 버릴 수 없는 길
폭풍에 떨어신 풋밤송이 위에도
입추를 예고하듯
그나마 더운 비가 온다
몇 십 년 만의 더위가 와도
하늘만 원망하는지
견디다 지쳐버린 성난 별
언제쯤 달래며 살까.
폐기와 규제란 언어 속에
너절한 반도에도
한줄기 가을바람이 불까.

재촉의 찬비

밤새워 달래는 가을비
여름의 땅거죽을
슬며시 재워놓고 날이 샌다.
아직 여름은 한창인데
가을이 낯설어
돌이질 하는 여름 나무들
푸렁이고추가
열을 받아야 제 노릇 할 시기
짧은 꼬리의 바람들
들판에 서성이며 맴돈다.
계절을 앞지르고픈
싸늘 바람은
땅 심마저도 빼앗아갈까
근심의 하늘가 울어대는
가을맞이 합창이 짙다
늦은 줄기의 근심 잦은 계절에
한 알의 죽정이가 아쉬워
여름의 끝을 잡고
설익은 열매는 혼자서 탄다.

화합바람 한 솔기

말매미 악다구니처럼 울어대는 도심 중앙로, 강바람 따라 울던 놈들은 그래도 물 흐름 반주 맞춰 운치가 있었는데! 도심을 점령한 놈들은 밤낮도 모르고 운다. 실내외 온도차 없이 팽팽한 밤 균형은 때론 화합할 듯하다가 반반으로 갈라서기 쉬운 것을. 더위보다 짜증스런 힐난과 반목, 조금은 부족한 듯 서로 채우면 경계를 허문 너와 나 신바람 일고 지루한 여름날도 옥수수 잎 한 자락엔 바람 한 점 머물듯이, 가을걷이 수수깡 위로 부는 바람처럼 풍요의 가을이 안겨오듯이.

개살구

살구가 익는 계절이다.
살얼음 뚫고 온 봄날에
냉기마저 붙어있는 햇빛 한쪽
오쟁이 씨앗들 땅에 묻으라며
격려와 재촉하던 그 봄 벌써
유월하늘마저 샛노랗게 익는다.
빛 좋은 산비탈 개살구
첫눈에 반할 만큼 혼란스럽고
한번 맛보지 않은 사람은
속맛의 또 다른 갈등을 알까
참살구든 개살구든
살구가 푸짐한 해는 대풍이라지.
개살구나무 목탁소리 청아해 좋다고
햇볕 도타워진 계절 잘 익기를 빈다.
이제 시거든 떫지나 말던지
개살구 지레 터지는 일없이
큰 나무 한뜻 되어 농익는 산천.

파도

등 떠밀고 잡아채며
방풍림 숲을 향해 거칠게 달린다.
평온의 바다에 경련처럼 오는 질투
잡아채듯 파고는 제발 걸려 엎어진다
선착자의 환희로 해안선은 몸을 푼다

네 마음에 들 때부터
주체할 수 없는 춤사위는
광란처럼 변하고
파란 속살 알몸에 너울 한 장,
임 찾아 달려오는 철부지 새댁

하늘마저 보듬는 백사장엔
수많은 은빛 사연 별이 된다.

3부

가을비에 젖은 땅

벽오동 파란 가을

목쉰 귀뚜라미 소리에
나뭇잎 하나 둘 진다.
한 시절 인연의 열매 키워낸
아직도 큰 꿈 하나 못 버린
텅빈 가슴이 와사삭 탄다.
벽오동 파란 잎 위를
계절 찾는 새떼가 줄지어 난다.
그늘마저 내어 주지 못한
홑잎나무의 잎들은
벌써 기진한 낯빛으로 땅에 눕는다.
홀가분하게 떠나는 계절
봉황을 못 잊어 항시 푸른 줄기야
언약마저 퇴색되는 계절 앞에
깃들이지 못한
아쉬움으로 알몸이 된다.

불 지피다

낙엽 한 장 쓸려간
거리에서 여름을 태운다.
푸른 날 애틋한 그리움도
갈색으로 물드는 가슴속에
보채는 발자국들
석양빛에 재촉만 한다.
서럽도록 파란 하늘은
아직 못다 한 말 남았다는 듯
해맑은 빈 웃음 귓불을 당기지만
어차피 돌아서지 못하고 간다.
외곬뿐인 해거름 길에
지나온 추억들이
각양각색 상념들로 뒤섞인다.
비울 수 없는 후회만 남아
마치 허물인 듯 술렁댄다.
한 생애 짜놓은 계획마저
포기해야할 거미마냥
빈 줄을 움켜쥔 채
늦가을 불 지핀 낙엽 위에
매달려 휘청대는 마지막 방황

억새꽃

그 누가 부르는 듯
산등성이 물결치듯 흔드는
바람의 계절이다
몸부림 빈 가슴에 때늦은 후회
풀어헤쳐 봐도 얄팍한 가슴 뿐
실바람에도 바르르 떠는
죽정이 같은 삶의 잔재 뿐이다.
등성이에 오를수록
겨울로 가는 바람만 찬데
얇은 가슴에 씨앗이란 불씨 하나
살아 있을까
헐벗고 메마른 몸이라서
외진 산비탈 터를 잡고 살았는가.
그나마 가는 가을이 오면
너를 찾는 등짐 진 나그네가
잠시 들러 무릎 펴다 가라고
하늘 닮은 너는
이 가을 끝에서
까칠한 파도를 타는가!

갈대의 변주곡

겨울바람
한쪽으로 몰아쳐도
헐벗어 남루한 벌판에
서서 잠든 빙판 위로
방향 없는 바람은
낡은 등줄기를 흔들어댄다.
눈보라 치는 날은
혼돈 속에 네가 손짓하지만
따라갈 엄두도 못내는
만신창이
산발한 채 얼붙은 옷자락
허리가 꺾일까봐
몸을 낮춘다.
겨울 갈대는 몸이 찢길지언정
색깔을 바꾸지는 않는다.

낙엽 길 가다보면

알 털린 후줄근한 밤송이
떨어져 깊은 늪 잠기는 계절
잎새 푸른 날에
얼굴을 마주하면
미소로 드리우던 모습들
그 산에서 찬바람 내려온다.
이리저리 쫓기는 저물녘
아직 손 놓기 싫어 머뭇머뭇
발버둥치는 당황한 얼굴들
샛노랗게 낯 붉힌다.
멀리 떠나는 시련 깊은 몸짓들
작별인사 손이 시리다
핏줄만 앙상한 잎사귀
눈물마저 훔치지 못하는 수건
삼베 행주보다 껄끄러운
살갗 속에
한때의 푸른 대화가
목메어 바스라지고 있다.

코스모스

아직도 저녁 한나절
가을볕 닳은 길가
목 늘여 기다리는 연인인가
가녀린 모습 초라한 목덜미 위로
산그늘 자박자박 작은 귀를 열면
두런대는 강 건너 바람 소리 들린다
행여 못다 한 사연 놓지 못해
기다림에 피는 꽃
가을 길 초라한 모습으로
미련의 봇짐 한가득 떠나는
나그네 뒤를 따라 띄엄띄엄
빈 웃음처럼 줄지어 핀다.
가을꽃 먼 추억의 바람 한줄기
흔들림으로 핀다.

잠시 머물다 가는 길

찬 들녘 끝자락의 들국화, 가을날의 모든 기억 묻어두고 이렇게 앙칼진 새벽길, 마지막 이승의 고갯길은 차다. 남겨진 핏줄들 무상만 가득한데 눈물자국 부풀은 눈자위 뒷목을 세워도 후회뿐인 지난날 가물거리는 기억 반딧불 같다. 가슬의 옷깃 들쑤시는 겨울바람, 지난날 미소마저 냉동시키고 바람은 다른 길에 휑하니 떠난다. 땅을 베고 누운 낙엽 같은 언어들, 한때의 푸름마저 땅에 묻힌 날, 망각의 끝단은 인연마저 버리고 남은 자의 기억만으론 감당 못할 가신 님의 은덕, 서릿발에 묻어오는 한 생애 고뇌가 뒤 곱에 매달린다.

낙엽의 푸념

바람 부는 대로 살아온 삶이
본색을 드러내는 계절
누더기 걸친 채로
휘몰이 장단에 휘청이며
제 갈 길 찾아 내닫는 돌진이다.
와락 가랑이 사이로
펄렁 추억 한 조각 쓸려간다.
찬눈(寒雪)을 보듬고서야
땅거미 더욱 처량한 밤에
아픈 추억들 떼 지어 몰려간다.
구렁 속에 오롯이 나누는
여름날 찬란한 이야기 익는 밤
다소곳 귀를 여는 맨땅 보듬어
발 시린 산새들도 하룻밤
졸다가는 마지막 헌신이다.

푸렁이 사과

맨살을 드러내도
별 볼일 없다.
두루뭉술 살아온 삶이
모과덩이처럼
고르지 못한 지난 날
거칠고 부르튼 몰골로
하늘만 쳐다본다.
허기진 굴곡 속에 이빨자국들
못내 아쉬워 덜렁거린다.
꼭지 성한 열매들
가을풍문에 얼굴 붉히는데
이제야 눠우친들
겉껍질 물든다 해도
속마저 숙성될 가을은 짧다.
지난날 머뭇대던 바람
가지 끝을 떠날 때는
되돌아보는 하늘만
서럽게 잊으라한다.

낙엽의 다른 약속

사랑니 뽑고 오는 길에
휘청하는 발끝에
떨어지는 낙엽들
왜 이리도 찢기고 뚫려 있을까.
아플수록 철이 드는 계절인데
몇 시간 아픔만도 못한
사랑 한번 주지 못한 나
철들지 못한 채 뽑아버린 정한 뿌리
등걸만 앙상한 칠부 능선서 운다.
휑한 잇몸은 흡사
억센 가위벌레에 뜯긴 자국 같다.
그래도 떨쳐낸 가지에 꽃눈 하나
새봄의 파란 약속 묻어두고
나목은 떠나는 낙엽들 편히 가라고
제자리 서서 솔바람 부른다.
멀리로 치솟는 회오리바람 속에
마지막 팡파르가 산그늘을 따라
골짝을 맴도는 언덕에서
뒤늦게 텅 빈 손을 흔든다.

아직이란 말

망가진 수채화처럼 잘린 가지 아직 푸른 날을 그리워한다. 철 지나 새순(荀) 피우는데 모른 척 싹둑 자르고 떠나간 어제가 새 줄기 위에 매듭만 자잘한 계절이다. 백로(白露) 지난 며칠인데도 살갗 따갑도록 데인 상흔(傷痕) 속에 지난 여름날의 추억들 봄부터 함께 걸어온 먼 길 잡초는 엉겨 허물만 덤불처럼 퇴로마저 막아버릴 듯 무성하다. 이제 돌아서기엔 늦은 시간 묻어버리는 칠십 령 능선 위로 그나마 잔광(殘光)은 두 팔을 벌려 나를 감싼다. 내일은 밝을 거라고 황혼의 커튼 너머 오늘밤 가을에 돋은 줄기 위에 아직도 별이 뜬다.

시월이 떠난 날에

시월의 마지막 날은
먼 후미진 강둑길 따라
황급히 떠나는 나그네 같다.
국화 향 지천으로 퍼지는 날
떠나온 고향 길 구비마다
돌아보면 은빛노을로
사라지는 얼굴들
오름의 팔부능선에 서면
한때의 기쁨은 자잘한 들꽃이 된다.
수심 가득한 얼굴에도
지난날 갈무리하는 계절에
길섶 풀들은
무릎 꿇어 기도하는 모정처럼
새 생명 생땅에 묻고 가는 늦가을
처절한 몸부림이 안쓰럽다.
시월은 떠나는 계곡을 달래며
추억 더미를 긁어모은다.

마지막 잎새

물들지 못한
늦살이 낙엽 한 장 안쓰럽다
가지 끝 매달고 망설이는
미련의 가지를 잡아채듯
날카롭게 후려치는
살벌한 가을바람 한 줄기
깍지를 놓쳐 돌개바람에 휩쓸리다
구렁에 밀리는 추억더미들
더 갈 수 없는 막장의 체념이다.
색깔마저 퇴색 않은 기억 위로
싸락눈 사박사박 발길 다진다.
가련한 여인의 등짐 속에
날카로운 이빨자국
채 여미지도 못하고
다시 피어날 봄을 꿈꾼다.
푸른 하늘 떠받는 꽃눈 하나
보듬는 가지 끝 하루가 차다.

가을날의 늦은 대화

가을은 설익은 언어를 지우려고
먼 가지부터 물들기 시작한다.
잘못 던진 말 한마디
돌덩이 되어 가슴에 쏟아지는 날
메마른 계곡에서부터
늦은 후회처럼 물이 든다.

항시 푸른 날만 있는 듯이
무수히 절제 못한 언어 속에
마디가 굵어져 가로막힌다.
물 마르는 시절이 오면
그나마 젊은 날 함께 한 고개마다
황갈색 꽃만 궁색한 변명처럼 핀다.

저물녘 지친 발길
싸늘한 저녁바람에 멀쑥한 모습
빈약한 내 언어 속에
한 송이 꽃으로 필 수 있다면 좋겠다.

가을 산에 들다

누구든 한번쯤은
오르는 산
기어가거나
껑충 뛰어 오르거나
방법은 달라도
정상을 향해 안달들 한다.
더 멀리 더 넓게
누려야한다고
숨차도 참고 가는 길엔
고통이 보람보다 앞장을 선다.
가을수확의 기쁨도
정상에 두고 가야할 허전함
능선에서
머무는 시간은
오르는 방법에 따라 다르다.
지름길이 바로 저긴데
남은 햇살 즐기란 듯
분단장에 등을 잡힌다.

낙엽 길에서

가는 가을 못 잊는 것은
내 심장 깊숙이 자라온
지난날의 뒤처진 추억일 게다.
푸른 기억을 안고
바스락 몸 눕히는 낙엽 길에서
추억은 항시 단순치 않은
찢긴 몸뚱이 뒤틀림으로
형상을 남기고 간다.
모두는 고운 단색
상처 없는 쪽을 택하지.
아직 재단되지도 않은 몸이
물드는 가을 산에 들면
깜냥 것 살아서 박음질을 마친
덕지덕지 기웠지만
성한 씨앗 한 알
땅에 묻고 보듬은 낙엽 한 장
발밑에 부서지는 소리
멈춰선 하늘이 곱다.

가을비에 젖는 땅

정수리 파고들던 뙤약볕, 달구어진 심장마다 고단한 숨결에 풋내 묻은 골짜기 세궁민 아린 심사가 보인다.

겹겹이 쌓인 정염(情炎)들 가슴에 안고 떠날 수 없어 열대야 갓난이 땀띠 돋은 살결에 빗방울 재잘대며 젖을 물린다. 때맞추어 부는 바람 눈감는 철부지 볼기 훔친다.

거드름 피우던 폭염의 그 억척스런 태도도 계절 앞에 두 무릎 꿇고 서늘 비 한 줄금에 머리 식힌다. 이제 몇 차례 재촉의 찬비는 갈등에 찌든 심장 식혀내려 평온의 가슴으로 돌아와 가을비, 흠뻑 적셔나 보자.

초가을 불꽃놀이

초저녁 가을비 한 줄금 뿌리고 간 뒤 열불난 아이들 불꽃놀이를 한다 지루한 하루 때문일까 무슨 불만 저리 쏘아댈까,

울안에 팔팔뛰던 멍이는 이웃집 꼬마가 쏜 피리탄에 놀란 눈으로 한세상을 살다 그 여름 천둥번개 속에 담장 얕은 옆집으로 자취 감추고, 남겨진 새끼도 귀가 너무 얇아서 어미처럼 가슴이 뛰던 그놈, 가을날 택배차량 밑에서 떠났지.

이 가을 깊은 잠 깨우려고 초저녁부터 철딱서니들 저리 불꽃을 쏘아 올릴까 이제 귀 무딘 말뚝이놈만 함부로 버리는 물건들 좇아가며 펄펄 뛰는 또 다른 불꽃놀이를 한다.

찢긴 날개에 오는 가을

코스모스 커튼 너머로 날아온
때 놓친 호랑나비 혼자
끝물의 봉숭아꽃잎에 매달려
힘 빠지는 날갯죽지 퍼덕이다가
석양빛에 추억을 말리고 있다.

뜨거운 벌판 위를 내달리던 날엔
만개한 꽃들의 유혹과 기회도
뒤로하고, 장마 뒤 물길 걷히는
모래톱 위를 건성으로 핥으며
무리 따라 춤추던 시간이 그립다.

산판을 훑어 내리는
음산한 바람의 편린(片鱗) 속에
물기 거두는 숲의 체온 더듬어도
풀 멍든 애린 하늘만 높아간다
찢긴 날개엔 가을이 무겁다

가을 여행

낙엽은 아름답기만 할까
어둠이 오기 전 하늘이
더 곱게만 물들고 있는데
곁만 보고 사노라면
즐기며 박수 칠 따름이다

나뭇잎 한 개씩 집어 들면
초라한 뼈마디 가슴 태운 흔적들
거죽과 망가진 혈관
구멍 뚫린 골다공증들

붉게 타는 마지막 황혼
앙칼진 분노, 바다도 물들고
주섬주섬 술렁이는 펄 위에
급한 발자국 묻힐 때면
설악도 덩달아 따라 울며
한계령을 타고 내린다.

낙엽이 지면

미루었던 언어가 쏟아진다
못다 한 사연이
지천에 흩어진다.
푸른 갈증들
채우지 못한 채로
몽땅 버리고 떠나간다.
멍든 가슴은 빨갛게
분노의 가슴은 노랗게
너무 큰 기원들은
파란 채로 남아
추억의 언덕에
아픔처럼 쌓인다.
한두 잎 남긴 가지마다
마지막 약속 하나
손끝에서 떨고 있다.
새봄을 사르려고
바싹 마른 불쏘시개
하나씩 가슴에 담는다.

산 너머에 두고 온

무지개 꿈 살아 있는
산 너머 그곳엔 아직 앳된 추억들
철들지 못한 채로 지천에 나뒹굴고

자갈밭 땀으로 가꾸시던
허리 굽은 어머니가 가끔씩
두리번거리며 이마를 훔치던 곳
산, 계곡, 물
생생한 눈빛으로 달려오는데

지하수 개발로 건수가 된
장마철 몇 번씩 씻겨가는 들판엔
황토 흙마저 빼앗기고
얼기설기 바위들
과거를 간직한 등골만으로 버틴다.
빈집 탱자나무 한 뼘씩 날을 세운다

쓰러져가는 서까래 속에
온전치 못한 추억을 지우라며
버둥대는 늦가을이 온다

비즈가 떠난 자리

생명 하나 차가운 문밖에
하룻밤 떨고 있겠지
눈뜨던 많은 날들

철딱서니 데려와
재롱한참이던 가을 뜨락에
낙엽 지던 그날
바람처럼 사라진 울안에는
반지르 발자취 남겨져 있다
그나마 두릅나무
줄기에 가시 솜털을 달고
뾰족한 심통을 살짝 여민다.

지나간 세월이
파랗게 높아지는 하늘 닮아
자꾸만 쓰린 아침
못다 한 체온 남아 있을까
텅 빈 밥그릇을 챙기며
식은 방석 위 더듬다 잡힌
마음이 차다

* 비즈 : 애완견

늦게 피는 작은 꽃

산비탈 언덕배기
봄가을 굽이의 틈새마다
한적한 곳에
이름 모를 씨 한 알 싹 틔워
눈(目)에 밟히지 않는 거리쯤
그냥 작은 웃음으로 핀다.
벌 나비의 날개 짓
그리다 지친 가을이 온다.
무지개 선명한 꿈의 여름 가고
찬비에 씻기는 지금에서야
체념보다 질긴
낯빛 파란 꽃이 핀다.
늦은 계절 기승 떨치는
들국화 밑에서
오늘은 햇빛 한 줌
살며시 들여다보는 순간
길을 재촉하는 바람에
언뜻 스치는 얼굴들
해거름 초라한 꽃잎 한 장 핀다.

4부

떠난 곳에 오는 눈

동행의 추억

기억의 저편엔
지울 수 없는 인연 있기에
주섬주섬 따라붙는 발길들
더불어 힘 부친 밤길을 간다

기억은 항상 푸른 날의
싱그럽던 모습에 목마르고
갈증의 고개마다 이정표를 세운다.
이 밤에 하나씩 손목을 놓고
깊은 수렁 헤매다가
한 살이 꽃잎처럼 이울고 나면
아쉬움 몽땅 잊혀질까 두렵다.

뒤돌아보면
한쪽 가슴 차지한 동반자
못 잊을 끈을 잡고
동행하는 빙판길이다.

유턴(u-turn) 구간

곧장 가는 길이 숨이 차서
때론 고갯마루 걸린 구름인 양
쉬고 싶다, 곁눈질 하지만
어쩌다 들어선 길들
차선이 겹칠수록 숨막혀 오고
끝장을 보겠다는 속도 싸움에
겁먹은 마음으로 등 밀려간다.
번뜩이는 재치 행운을 좇는 자들은
지름길로 유영하듯 사라지고
밀려서 튕겨지는 무지렁이들
그중에 가난한 욕망 하나
그곳의 유턴과 비보호 좌회전.

겨울비 솔가지 털썩털썩 적시는 밤
세차게 달려온 주마등을 켜면
사위다 다시 붙는 숯불의 잔정들이
가끔 옆도 보고 가라한다.

겨울 산에 들다

잠든 듯 침묵하는 등성이
깊은 생각에 잠긴 산
하늘이불 펴는 날은
더욱 고요하다.
철퍽철퍽 던지는 무언의 충고
잠든 지심에 볼기 치는 소리
너무 깊은 잠속 헤매다가
봄의 계획마저 잊지 말라 한다.
고통의 발길 만큼
기쁨의 옷섶을 열어주는 산
얼은 몸뚱이 파고들면 포근히
모든 도전의 발부리
거부하지 않는다.
겨울산은 어미의 마음 자중하라
한 번 더 생각하라고
자분자분 걸어가라며
오금을 당긴다.
높은 산 먼 곳만 보지 말고
발밑부터 살피라며
등을 내어준다.

미련

모른 척 돌아서 간 발길
아직도 귀 기울여
강바람 속을 살핀다.
행여 그 강에 버들가지
귀가 뜨이는 날
못다 한 그대의 겨울약속
봄 피라미 떼처럼
은물결 타고 오를까,
모천으로 돌아오라고
꽁꽁 얼은 가슴 한쪽에
숨통 하나 남긴 채
헐떡거린다.
봄이라 마냥 녹는 강에
아쉬운 겨울 한쪽이
둥둥 떠서 흐른다.

첫눈

아직 떨쳐버리기 아쉬운 무화과 시든 잎새 위로 한여름 뜨거운 정 그리며 늦가을 떠나는 임을 찾아 사르르 볼 부비며 온다. 지상에 못 피운 한으로 푸른 하늘 맴돌다가 떠나가는 모든 것들을 달래주려고 가슴 열고 춤추며 온다.

외로운 계절 위로 한마디 모진들판 황국(黃菊) 위를 쓰다듬듯 내리는 햇살마저 힘이 부친 날에 온다. 대추나무 가지 끝 초리 한 알, 깡말라 깊어진 주름투성이 고뇌의 자국 감추려고 새벽길에 살포시 내린다.

겨울 밭의 단상

하소연 한 소절 높은 가지에 걸어놓고 묵상하는 여인 같은 흰 눈발 긴 고랑 해진 속살 다독여도 찬정만 맴도는 맨몸마다 실한 무 통째로 뽑아낸 곳 움푹 팽긴 아픔 가득한 구덩이 얼부풀어 다물지 못한 계절이다. 남겨진 자국들 모두가 울퉁불퉁 볼품없는 미장질 뿐인데 찬비는 채울수록 너무 시리다. 떠나는 비의 마지막 배려인가, 삶을 닮은 고랑 속을 채우려고 쓸어안고 타이른다. 단아한 모정, 순백의 계절에 상처의 골짜기 헤진 벌까지 단 한번 채색의 화합소리가 식어가는 겨울 밭에 카펫 한 장 깔고 있다

떠난 곳에 오는 눈

눈 덮인 언덕 아래
빈터를 가다보면
가끔 들추어진 까만 구들장
따스한 온기 그리워
추억이 발목 잡는 아침이다.

아픈 가슴 까맣게 끄스르며
대대로 등짝을 쓸어준 불 고래마다
한동네 찰진 정으로 뭉쳐 살던 곳
이렇게 찬 겨울
바람막이 대숲은 아직도 푸른데
살갑고 혹여 모난 사람도
모두 떠난 이정표 없는 고갯마루
잊으란 듯 흰 눈이 자꾸만 온다.

지금껏 남은 이웃 몇이나 될까
새벽길 냉가슴 눈이 쌓이면
기억마저 두고 가라
삭풍이 분다.

겨울 강변길

해 저문 겨울 강 언덕길을
홀로 가다보면
역류처럼 맴도는 소용돌이
깊은 상념 한 자락
산그늘 따라 물 속 깊이 잠긴다.
잊어야 한다고
메마른 가슴 위로 어둠이 내린다.

다소곳 엎드려 살아가던
허물어진 토담집터
뒤집힌 구들장 검은 등짝 내놓고
까만 집착의 그을음도 바랜다.

오붓한 대화로 밤을 샌 비좁던 방
되새김의 끈을 당기면
가물가물 호롱불빛 문틈으로 기어 나와
환한 눈발 사이를 저벅대던 발소리
옆집 개 짖음 환한 밤이면
사립문 함박눈에 숨 막히고
철부지 이불깃 여미어주신
가신 님 따스한 손길이 그립다.

첫눈

하늘마저 안쓰러워
자비를 내린다.
하얀 웃음꽃 핀다.
첫정처럼 어설픈 나래를
평지나 골짜기 고루 뿌린다.
뾰족한 돌출까지 감싼다.

첫 고백 항시 서툴고
눈 위를 걷는 어설픈
발걸음에 크램을 건다.

이제 몇 번의
되새김의 은혜가
울퉁불퉁 대지도 안정을 찾겠지
첫눈은 식어가는 알몸을
찬 가슴 열고 포옹을 한다.

입동(立冬) 전야

찬바람이 들국화 옆에서
며칠을 머물더니
불같던 여름의 잔재마저
밀어내고
은행잎 황량한 사연 담아
전령으로 띄운다.
근력부친 다랑이 논
인적 끊겨 저물 즈음
하늘 길 물어오는 울부짖음
남으로 내닿는 애잔한 계절
가을비 환영의 합창을 한다.
지는 잎 서러워 밀려다니는
한 살이 푸른 날의 대화처럼
뒤숭숭한 거리를 다독인다.
고향땅 전설마저 잊은 밤
번열처럼 닮은 계절에
상처 입은 낙엽도
곱기만 하다

말간 벌판길

누군가 밟고 간 감추려는 계절에
얼어붙은 손가락으로
더듬거린다.
초봄부터 누적된 그리움
찬 가슴으로 파고들면
어디선가 들릴 것 같은
기나긴 이야기들
기러기 울음 속에 묻어온다
슬픔을 달래러 줄지어온다.
창안에 가을 온기 남아 있는
국향이 모락모락 피어나고
한사리 붉게 타다
박제처럼 얼어붙는
완고한 계절이 오면
얼음 속 말간 붕어의 눈빛 같은
겨울은 환한 빛 한 줌 뿌리며
순백의 벌판으로 나를 부른다.

동지 지난 며칠

가슴까지 눈을 채운다.
황량한 추억 하나
시퍼런 낫으로 밑동을 자르려다
눈 무게에 눌린 땅 밑을 본다.
아 벌써 봄을 기다림
착오와 모순에도 자라고 있었구나!

엄동에 설은 가슴
햇빛마저 목맨 오후
아직 한파는 뼈가 시리다
한 뼘씩의 태양 머문다지만
얼부푼 가슴 녹일 태양은
얼마의 밤을 더 견뎌야할까

마른 추억의 그루터기
낫질을 한다.
찬 별에 눈 시린 싹들
따뜻한 입김에 귓불이 녹는 날
뿌리 위에 함성이 일어난다.

피할 수 없는 가위질

시간은 양팔 벌려 오라하는데
암흑의 잣대로 재단하는 소리
피해갈 수 없는 가위질
지금도 가윗날 갈고 있다
세월 갈수록 날이 퍼렇게
언젠가 꼭 자른다고 달려들어
어둠에서 더욱 설친다.

완강한 새줄기에선
빗겨가는 아량
퇴색의 낡은 줄기에
가차 없이 집행을 가한다

봄날엔 리듬처럼 들리던 소리
졸다 깬 여름 한낮과
서늘바람 시린 어깨 스밀 때
모두를 버리고 가야하는
겨울 눈발 속에서도
멈추지 않는 가위소리 더한다.

5부

매듭 달

적도에 이는 바람

다가갈수록 뜨거운 적도
가까이 할수록 그리운
한 가닥 타는 마음
없는 듯 부동인 듯 우직한
내색 않는 무반응 무풍지대
뜨거운 땅과 하늘뿐
그 속엔 온갖
변화와 생성을 잉태한
모체의 태반 같은 침묵이 있다.
보듬을수록 버겁고
나아갈수록 애절함이 쌓인다.
가까이 할수록 소멸하는
이카로스의 영혼이 깃든
적도까지 가고 싶다.
도전 속의 새 날
날개의 한계까진 가야 할
먼 들판 소용돌이로
치솟는 한줄기 바람이고 싶다.

묘비명

그리움으로 묘지석을 세운다

바람결 흩어진 영혼 한 주먹
물때 낀 강변에서
뒤늦게 울었다는
철든 불효자의 눈물을 담는다.

민들레 꽃씨 하나
날아와 자리한 만큼의 안식
손바닥 만한 삶의 끝자락에
한 생애 같이 한 더운 정 있어
묘비명을 새긴다.

이승에 남겨진
몇 가닥의 얼레 줄
망각이 아쉬워 당겨보면
춤추듯 승천하는 한 생애다.

석모도(島) 갈매기

어서 빨리 날아라
짧은 항해 끝나기 전
온갖 재롱 부려라.
염분이 덕지덕지 밧줄에 묻는
잿빛바다 위에서
너의 날개는 은빛이구나.
큰 자비에 목매지 말고
닫힌 심장에 시위를 당겨
너의 순수로 가슴을 열라.
곡예의 대가라면
너의 하루는 정성껏 사는 거란다.
해질녘 개펄에 허기진 놈까지도
모두 날아올라라.
마음속 짓눌린 삶 힘겹거든
석모도 마애불 전에 덜고 가거라.

애먼 개

살구라 부르면 입안이 달달하다가 개자를 붙이면 침샘이 돌지. 잘되던 판도 개를 들먹여 난장판 된다. 모든 것 덜되고, 설고, 망치고, 하는 짓 자기 탓인 걸 멀쩡한 개에다 멍에 씌울까.

간혹은 개를 길들여 제멋이 드는 꽃 있지. 경기 광릉에 개불알꽃은 풋풋하고 싱싱하다. 축 처진 망태기에 개가 따라붙으니 웬걸 빳빳한 대궁에 난 중의 란(蘭) 탱탱한 요강꽃 한 송이 피네.

자는 개 꼬리 잡고 흔들다
성난 개에 물리면 망칠라

맷돌

드르륵드르륵 아직도 돈다.
돌밭 땡볕에
목이 타다 익은 씨앗들
비리고 불어터진 삶을 정리한다.
듬직한 상하는 돌짐무게로
마주치면 으르렁 대다가도
한입가득 생콩을 물고 나면
어처구니가 한결 가볍다.
모두들 천상의 배필 같다는
꼭 닮은 아래위 한 쌍
중심을 잡아주는 밑짝의 중쇠가
휘청거리는 세상을 잡아주고
상하가 뒤바뀐 세상에
때론 맷돌 닮은 삶이
더욱 윤기 있고 짭짤하다.
오늘도 서해바다엔
짭짤한 맷돌이 돈다.

산길

심난한 날이면 산으로 가자.
진 흙발 부려놓고 돌아와도
투정하지 않는 모태의 숲으로
그 속엔 아직도 찬양처럼
우리를 부르는 대화가 있지.
마음이 무게에 눌려
비척대거든 두발에 힘주어
한 발짝씩 손잡고 가자.
가슴에 못 지운 등짐
서산에 해 기울 듯 잦아들거든
남겨진 무게를 추슬러
산그늘 따라 내리자.
정든 시골집 길을 가듯이
자귀꽃 언덕에 그리운 바람으로
반성처럼 돌아와도 좋은
그런 산으로 가자.

그대 간다 하거든

간다하거든
원망이나 책망은 하지 마세요
한낮의 태양도
돌아서 제길 가야 하거늘
그냥 가라 하구려
이 세상 맺은 정 버린다 해도
못내 아쉬워 말아요
산을 버리는 돌덩이 막아서면
테두리마저 깨어지는 파편들
표창같이 날카로운 한(恨)이 되어
꽂히는 가슴만 아픈 것을
강물에 제멋대로 구르는 돌들
부대끼며 제길 간다 해도
막아서지 않는 소통의 물결 있어
물빛 닮은 결정으로 남아서
영원히 빛이 나거늘.

남겨진 가지의 눈물

어수선한 가을 잔가지
죽음처럼 미동도 없는 날
가는 허리 꺾으려면 마른 몸뚱이
퉁기듯 저항만 하였다.
강인한 사월의 목마른 기도는
진한 삶 한 방울씩 길어 올린다.
겨울 견딘 보상의 눈물일까,
잠들은 땅 위로
뚝뚝 반항하는 사월의 혈관들,
단칼에 절단된 상처마다
분노처럼 펑펑 울어버린다.
싸매주지 않아도
살아남은 사월의 잔가지
동상(凍傷)의 흔적뿐인 손아귀
핏발선 눈두덩을 문지르며
험한 세상 바로 선다고
새파란 망울 하나 불끈 솟는다.

모래시계

혼을 담은 알갱이
단단한 몸 하나하나가
투명한 표본관 속에 담긴 날부터
온갖 탄생은 시간을 잰다.
항시 번뇌의 협곡을 지날 때면
살을 깎이는 아픈 추억들
이제 더 이상 망가질 수 없어
단단해진 가슴은
피멍마저 침묵으로 삼킨다.
그냥 버린 시간 속에서
다시 돌이켜 보는 때가 되면
이리도 따가운 몸뚱이
견딤의 시간 만만치 않다.
눈앞에서 사라지는 순간들
여분의 한 알도 멈추지 못한다.

아직도 푸른 추억의 강

그 강에 노을 들면 육십년 추억이 꾸역꾸역 솟아난다. 물결은 출렁이며 나를 부른다. 삼동에 얼부푼 강 여울목에서 얼어붙은 바지에 살을 베이고 둘러맨 쌀자루 돌처럼 얼은 채로 읍내 셋방에 들면 젖은 발 얼어붙어 어린가슴 멍이 든 양철집 구들장, 울 엄니 오신 날은 그래도 따뜻했지!

벌목장 방불케 하던 영동역 북쪽, 허기진 새벽 겨울이 분주했지. 통나무 껍데기에 목숨 걸은 겨울, 굵은 놈만 뒤석이다 허리 결린 분들 지금 어디에 가 있을까.

풍구소리 세찬 아궁이 생명이 타고 사위지 못한 모정은 이제 덩그러니 높은 산중턱 찾아 가셨지. 자귀꽃 곱게 피면 내려 보실까, 유년의 애린추억 여우비에 젖는다. 얼지 않는 강 언덕에 낡은 교실 덩그러니 세월을 삼킨 채로 읍내까지 휑한 버스길엔 조급함 가득 싣고 달리는 하루가 짧다.

도심 속의 목화(綿花)

어디서 묻어왔을까
소음에 찌든 천변도로 옆
조그만 다래를 달고 피운 꽃
모두가 못 본 체 지나친다.
“험한 상처를 동여매고 굶주림마저
감싸주던 울 엄니의 꽃”
붓 대롱에 멀리 와서
백의민족의 표상이던 씨알 하나
이제는 온통 뒤섞는 잡동사니
그래도 질긴 생명 하나
순수가 살아있는
토박이 산골서 묻어왔을까
근처 개량종 꽃은 흔해도
순수의 혈맥이 피어난 아침
묻어온 황토 한 줌에 의지한 꽃.
순면일수록 주름 잘 지는
무명옷 깃을 잡고 떨리던
가녀린 어머니 손목을 닮은 꽃.

등반

어디로 오르고 내려야만
한 삶이 평안일까.
오늘도 줄을 잡고
오르내리는 일상들
좁디좁은 협곡비탈에
생명 하나 건사한 후
선홍빛 줄을 잡고 시작한
첩첩산길 험하나.
암반 위 푸른 솔, 삶이 장한 하루
물 좋고 살 깊은 포전 밭이 그립거든
벼랑길 걷는 사람아
혼자 울며 왔던 길
울어줄 때 가야할 그날까지
인연의 밧줄 단단히 쥐자.
하산 길 거칠고
얼부푼 땅일지라도
믿음 한 알
성체(成體)로 묻고 가자.

철새가 날다

왕래의 계절
제 터를 찾아간다고
이른 계절에 떠나는 새
온다고 생각하면
별 생각 없다가도
간다고 생각하면
왠지 석연치 않은 새

계절 오기 전 가는 철새가
유독 거스르는 때가 있다
낯선 계절 설한풍에
암울한 계절 떠나는 새야.
화살막이로 하늘을 날더라도
불분명한
착지는 하지 말거라.

매듭 달

저무는 하늘가에
나는 새들아
날개에 힘 부쳐도
동녘 향해 날아보자.
황혼길 따라가는 새만이
진리라고 믿기에는
아직 서러운 햇살이
너를 반기지 않는가.
뒤따르지 말란 듯이
황급한 발걸음
서해로 첨벙대는 노을
그냥가라 하자.
뒤처져 머문 동쪽에
미명은 먼저 온다.
얼부푼 시간은 너덜거리고
허술한 매듭 하나 옭아매거든
그 매듭 위에 올라서서
발 돋음 하면서 가자.

휴게소

참 멀리도 가는 길에
창을 두어 개 달고 있는 집
간이역 휴게소
한때 분주히 살아가던 발길들
뭉개며 몸살 앓던 쇠 돌쩌귀에
세월의 무게가 파삭 내린다.
시간의 두께를 들여다보면
이젠 가속도에 현기증이 난다.
헐떡이며 선두주자를 따라가는
질주의 현장에서
나를 찾게 하는 시간과 공간
오늘과 또 내일로 가는 쉼터다.
무한의 궤도 속 절망할까봐
지금도 가슴 열고 기다리는
먼 추억 속에
서성이는 모정처럼
초입 길 낯설음도 마다않는
초라한 휴게소 정 두고 간다.

멀건 대낮에 까고 덤벼

햇살 좋은 날, 옥상에 감꼬치 두 접 깎아 널고 물기 거둘까 살피는데 찬바람 밀어내는 햇볕 따라 쉬파리 득시글거린다. 주둥이빨대야 그렇다 치자. 감당 안 되는 시커먼 궁둥이를 들이대니 용서할 수 있겠는가. "죄진 놈은 디밀고 든다지만" 약삭빠른 입쯤은 봐 준다 치자. 통째로 망치는 쉬파리 망동 채찍에 동강난 몸뚱이, 벌벌 기는 악다구니들, 한나절 해가 지면 싸움도 그만. 때맞춰 사뿐히 내리는 청색나비, 넌 어떤 가을의 참례자인가. 경쟁이 뜸한 계단 위로 한 무리의 초파리 부옇게 뜬다. 밤을 탐하는 놈들은 무슨 짓을 할까.

연어의 회환(回還)

제 갈길 다하지 못하고
돌아섬도 있겠지만
한사리 정해진 코스를 따라
돌아오는 주자에게 어울리는 말일 게다.

세파에 찢긴 몸뚱이로
오직 생성의 신비 찾아 오르는
저 당당한 회귀의 근성엔
가슴절인 모성의 분출을 본다.

질곡의 수만리 긴 여정
삶과 죽음으로 퍼렇게 물든
파고 속에서
그들은 눈에 불 켜고 살았으리라.
망상의 물결 속에
만신창이 몸으로 처연히 길을 찾는
회환의 둑 너머
남대천의 물길 푸르다.

가짜 닭 장수

시골서 기른 누런 토종닭 언제부터 명산품, 집산지 끌어다 붙여야 장사가 되는지 우리들 세궁민 울리는 21세기

오로지 질긴 싸움 이 땅에 선거철만 되면 솔깃한 언약들 노른자만 말하다가 껍데기 피 발라 알이라 명명한 후 많은 명줄들 먹인다는 이유로 밤낮 없이 내놓는 그럴싸한 거짓말

토종닭, 근원도 모르는 수입 잡종일 뿐, 우려내고 핑계 댈 알마저 없는 세트로 팔리는 닭 같은 속물들, 누런지, 하얀지, 속살 감춘 몸통, 명색의 거죽은 닭이라지만 뜨거운 냄비만 이리저리 밀친다. 진즉 폐계라 까놓으라는 듯 노란 토종닭이 입천장을 벗긴다.

망각

잊는다. 잊겠노라 가슴에 생 못질하며
비우려 해도 질그릇 무게로 다가와
보란 듯 맹서한 육신 위로
적막한 밤에 더욱 찍어 누른다.
내안의 까닭들 어둠에 더욱 빛나고
하나의 생각이 이렇게 많은 가닥을
거머쥐고 살아있는지.

어슴푸레 열리는 새벽 먼동까지
아직 가야하는데
깊은 밤은 어둠의 미로만 산란한다.
도리깨로 내리치듯 떨쳐보지만
어둠과 음습함이 찬이슬 되어
가슴을 자꾸만 젖게 한다.

지나간 사연 원초로 가자한들
이미 환상 같은 것,
황토 한 줌 움켜쥔 손 다시 뿌린 땅,
그곳 망각은 흑색장미로 핀다.

세느강 금물결

재촉하듯 강은 흐르고
세기의 발길들 한데 뭉쳐 흐른다.
퐁네프다리 밑의 푸름을 싣고
자유의 여신상, 시테 섬까지
경이의 눈 감탄 속에 흐른다.
'금박의 알렉산드르 3세 다리,
조각상들 가랑이를 통과하는
군상들 살피다 웃겠지!
무한자원의 금물이 흐른다고
한국어 안내방송이 우릴 홀린다.
경제선진국인가 겉치레 풍조던가?

젊음을 달래주던 미라보다리,
아폴리네르와 마리로랭상의 사랑,
"세월은 흐르고 나는 남는다
영원의 눈길을 한 지친 물결이
흐르는 동안 사랑도 흘러간다."

뒤쫓는 발길에 밀려
한순간 세상의 급물살에

내 그림자 잠시 머물다
반나절 늦은 노을 속에서
위용에 주눅 든 내 등짝 위로
찬비 몇 방울 적신다.
집시마저 자리를 뜨는 밤,
노트르담사원도 깊은 숨을 고른다.

융프라우 (jungfrau joch) 3454m

유럽의 머리 우뚝 선 여인
굳셈도 세월 무게 백발만이 답이던가.
다민족 네 품 속 파고들 줄 알았을까
이름마저 젊은 처녀의 봉우리
냉정의 얼음궁전을 가슴에 품고
너의 혈관처럼 흘러 다니는
날선 시선들로 하루가 간다.

펭귄과 돌고래가 탈출하려고
뒤뚱이며 뒤쫓을 것 같다.
잠시 속세를 떠난 길에서
속죄하듯 벌벌 기는 영원히 찬 길
너의 손목을 타고 목덜미로 오르는
등반열차는 지구상 최고 역에 멈추다
일순간 천상에 오르듯
치솟는 스핑크스의 전망대
속마음 보일까봐 눈보라로 막는구나!

허탈을 달래주는 궤도열차의 자장가
돌아선 등 뒤로 골드미스의 아량인가

회한의 물줄기 골을 이루고
지천에 어우러진 민들레 숲 위로
프란다스와 하이디가
뛰어 나올 것 같다
원목호텔의 하룻밤이 포근하다.

베니스(베네치아)

푸름이 넘실대는 생동의 바다
상상의 날개를 펴면
벌써 출렁출렁 춤추는 도시
서구의 나폴리가 눈시려온다.
산마르코 광장이 물 위에 우뚝 선 채
나폴레옹 찬사의 박수소리 들릴 듯
유럽 최고의 아름다운 응접실이라 한
암반 위에 세워진 수중도시,
10일간의 가면극 카니발은 어떨까!
카사노바가 출옥 중 건넜다는 탄식의 다리
118개 섬, 400개 다리 위로 오고간 사랑
사주(沙洲)의 수로 따라
곤도라는 우릴 부르고
설익은 사랑을 싣고 달랜다.
물살을 가르는 수상택시의 위세
악사는 칸초네(canzone)로 사랑을 구걸하는데
침잠하는 물 위 지탱하는 저 육중함,
화려도 춤추는 세월 속에 몸살이 난다.
우리, 크리스털 눈빛 찾아 피렌체로 가자

시간은 무제로 남고

한겨울 지켜낸 장신구
매섭고 초라한 겨울날엔
적당한 무게로 감쌌건만
오늘은 왜 무게만 느껴질까
산다는 것, 참 간사한 탓인가.
아쉬워 돌아보는 지난날
주체 못할 번뇌가 먼지로 쌓인다.

봄날엔 무게 쪽을 기피하다가
오뉴월 침대에서 밀려나
고뇌를 치대 널면
굴곡의 줄을 받친
탱탱한 장대 위로
싱싱한 태양이 보살핀다.
하루쯤 가벼운 마음에
푸른 하늘에 가슴 한쪽 내건다.

구석마다 털지 못한
세월의 상흔(傷痕) 위로 햇살이 뜨겁다.

썰물 뒤 바닷가

간만의 차 심한 갯벌에
썰물 따라 가지 못한 가슴들 탄다.
빠른 놈들 해찰하며 등짐 지고
기는 놈은 숨통이 목에 걸리고
갈매기 머리통에 부리를 댄다.

굼뜨면 이방인에 당하는 현장
흙에 숨거나 딱지를 닫고
죽은 듯 하는 놈부터
돌을 물고 눕는 놈도 멀쩡한데
뒤집힌 체위로 버둥대다
부리에 생을 마감하는 요절이 있다.

저 멀리 밀물이 들 때면
그들은 선명한 물굽이 보며
연명의 시간 카운트하지.
출렁출렁 차오르는 바다
삶의 경쟁도 밀물에 잠겨라,
풍랑을 가르고 갈 저배를 띄워라.

《작품 해설》

자연에서 터득한 돈오(頓悟)의 경지

— 배정태 시인의 시세계

문학평론가 리 헌 석

(사)문학사랑협의회 이사장

1. 프롤로그

배정태 시인의 최근 작품을 감상하며 시상(詩想)이 자연스럽게 전개됨을 실감한다. 그는 예사롭게 지나칠 수 있는 사물에서도 새로운 의미를 찾아내어 신선한 감동을 생성한다. 제재의 특성을 통해 주제에 이르는 과정을 능수능란하게 표현하고 있다.

기름기 자르르 흐르는
울 엄마 치마폭에 지름나물
춘궁을 지고 넘던 산채 보따리
이제 침묵도 대답인 양 들린다.

— 「청미래 덩굴」 일부

청미래는 지역에 따라 '명감나무' '망개나무'라고도 불리는데, 봄에 잎을 따서 나물로 무쳐먹었다. 빨간 열매는 사람도 맛을 보지만 새들이 좋아하고, 뿌리는 술로 쓰거나 약재로 대접을 받는 여러해살이 덩굴식물이다. 봄에 피어나는 잎은 기름기가 자르르 흘러 '지름나물'이라고도 불렀는데, 가난하던 시대에는 구황식물 역할을 하였다.

시인의 어머니도 덩굴의 잎을 따서 춘궁기를 넘긴 것 같다. 그 어머니는 이제 멀리 가시고 아무런 말씀도 없는데, 시인은 청미래 덩굴에서 어머니의 '말씀'을 찾아낸다. 〈청미래 덩굴 파란 손/ 아린 기억〉에서 '모정의 세월'을 스스로 연상한다.

이런 전제에서 배정태의 시를 정독하면, 수천 년 전부터 궁구(窮究)하였던 시의 기본 명제를 떠올리게 된다. 이는 동양의 시론(詩論)에서 회자되는 바, 논어의 '사무사(思無邪 생각에 삿됨이 없는 것)'와 서경의 '시언지(詩言志 시는 뜻을 말로 표현하는 것)'와 닿는다.

또한 서양 시론의 바탕인 아리스토텔레스의 『시학』에도 닿아 있다. ① 예술가의 모방본능, ② 훌륭한 모방을 인식하는데 있어 본능적으로 느끼는 즐거움, ③ 화음과 리듬에서 우리가 느끼는 본능적인 즐거움 등이 시를 창작하게 하는 동인(動因)이라는 정리에 공감하게 된다.

이처럼 장황하게 시의 기본적인 정의를 확인한 것은, 배정태 시인이 독자에게 〈무엇을, 어떻게 노래하는가?〉 확인하기 위해서다. 그는 시집 『금강에 살으리랏다』 『비단강 쏘가리』

등을 발간하였고, 시조집 『낙엽은 또 다른 약속』을 발간하여 자유시와 정형시 창작에 내공(內功)을 쌓고 있다.

2013년에 네 번째 시집 『적도에 이는 바람』을 발간한 바, 그 안에 수록된 여러 작품들은 사물의 특성과 연계된 깨달음에 기초한다. 그 깨달음은 바로 돈오(頓悟)의 경지를 지향하고 있다.

2. 고유한 감수성에 대하여

시집 『적도에 이는 바람』의 수록 작품을 정독하면서, 그의 내면과 창작 경향을 탐색하였다. 평상시에 무심하게 지나칠 정도로 작은 사물들에서 그는 정서적 모티브를 찾아내어 형상화하고 있음이 확인되었다. 때로는 평범한 사람의 감각으로는 인식할 수 없을 정도로 미세한 속성에서 혜량(惠諒)할 수 없을 정도로 강열한 이미지를 찾아내기도 하였다.

작품의 제재를 찾아내는 과정은 시인의 고유한 감수성과 닿아 있다. 예민한 감수성에 의하여 자신만의 '깨달음'에 이르고, 이렇게 터득한 깨달음이 작품으로 승화되어 경이로운 감동을 생성한다.

① 이월의 마지막 날
감자 싹을 딴다.
② 용케도 쭉쭉 뻗은 집념 하나가
시린 발치마다

말간 씨감자를
송알송알 달고 있다.
③ 등짝에 붙은 고뇌가
따내는 손끝에 한기처럼 파고든다.
④ 매섭고 질긴 생명 하나
해맑은 등 하나 밝히는데
뒤늦은 후회
천근처럼 무겁다.
⑤ 바짝 마른 껍데기,
어느 날 협곡처럼 팽겼던
내 어버이의 손등,
철들지 못해
방황하는 망칠(望七)의 봄이다.

—「감자 싹」 전문

첫 번째 작품으로 수록된 「감자 싹」을 일독(一讀)하면서 범상하지 않은 서권기(書卷氣)에 압도되었다. 그 떨림이 가시기 전에 재독(再讀)하면서 내용과 형식의 미묘한 맛에 매료되었다.

이 작품을 평범하게 정리하면 다음과 같다. ① 시인은 2월의 마지막 날에 겨울 동안 묵혀 두었던 감자를 갈무리한다. ② 겨우내 잠을 자던 감자의 씨눈에 싹이 돋아나 있다. ③ 씨로 선택한 것은 별도로 두고, 음식으로 먹을 감자의 싹은 떼어내야 하기 때문에, 그 싹을 떼어내며 서늘한 가슴이 된다. ④ 먹기 위해 한 행위지만 마음이 무겁다. ⑤ 겨우내 수분이 증발되어 쭈글쭈글한 감자의 표면을 통하여 주름져 있던 '어버이의 손등'을 연상

한다. 그리하여 어버이를 그리워하기에 이른다.

이러한 깨달음과 함께 표현의 멋은 작품의 수준을 새롭게 업그레이드시킨다. '이월의 마지막 날'은 일상적인 하루일 수도 있지만, 겨울의 마지막 날이고, 하루만 지나면 봄으로 인식하는 3월 초하루가 시작된다는 것을 암시하고 있다. 봄이 되어 싹을 틔운 모습을 '쭉쭉 뻗은 집념 하나'로 보는 것도 놀라운 발상이며, 그 씨눈이 맑은 씨감자를 달고 있다는 표현 역시 감동적이다. 이때 ③으로 표현된 2행은 시의 격을 높이는데 기여한다. 맑은 감자에서 '해맑은 등'으로 이미지가 자연스럽게 전환되는 것, 그리고 감자의 마른 껍데기에서 '내 어버이의 손등'으로 전개되는 연상 작용은 참으로 절묘(絶妙)하다.

특히 '철들지 못해 방황하는 망칠(望七)'이라고 하지만, 사실은 깨달음에 의하여 이미 철이 들었다는 역설에 다름 아니다. 즉 일반 독자들의 기대에 반하는 역전(逆轉)의 묘미가 있다.

꽃들은 피는 듯 이울고 있다
차디찬 허공에 매달려
향내를 피우지 않겠다는
청 매실 가지 위에
못다 한 아쉬움이 잉태한다.

사월의 발자국 묻으려 삽질을 해도
활활 타오르는 19평 밭 언저리
뭉친 뿌리들의 울분이
죽순처럼 치솟고
검붉은 아우성은 깊은 골까지

달려가 함성으로 쏟아진다.

바위틈 몸 비튼 나무에도
완연한 봄은 오는데
피멍든 4월은 아픔을 달래며
오로지 기억 하나
우듬지를 키운다.

—「그 사월의 붉은 꽃」 전문

이 작품은 표면에 드러난 스토리의 완결성도 단단하고, 은유와 상징(象徵)에 의하여 시인의 내면적 진실이 결합된다. 꽃들은 대부분 피면서 바로 시든다. 꽃이 이운 청매실 가지에 아쉬움이 남는 까닭이다. 그리한 사월(四月)의 자취를 지우려 무던히 노력하여도 '울분'은 죽순처럼 치솟는다. 바위틈에 뿌리 내려 메말라 있는 나무도 봄이 와서 우듬지를 키우고 있다. 이와 같은 묘사만으로도 이 작품은 어느 정도 완결성을 확보한다.

그러나 시인의 예지(叡智)는 1차적 형상화에 머물지 않는다. 이 작품의 제재(題材)가 '4.19 학생 의거'임을 명징하게 보이는 단서들이 곳곳에 배치되어 있기 때문이다. 봄꽃이 피는 듯 이운다는 것은 젊은 학생들의 희생일 터이고, '활활 타오르는 19평 밭'은 19일의 암묵적 제시일 터이다. 특히 '피멍든 4월'로 이어지는 시어들이 주제를 분명하게 드러낸다. 시인은 청년 학생들의 '검붉은 아우성'과 '함성'을 오늘에 되살려 쑥쑥 자라날 '우듬지'와 같이 훌륭한 인재로 길러야겠다는 의지를 담고 있다.

3. 돈오의 깨달음에 대하여

배정태 시인은 특정한 사물을 대할 때, 직관적 사고(思考)를 통하여 의미를 생성한다. 직관으로 깨달음에 이르는 과정은 돈오(頓悟)와 닿아 있다. 돈오(頓悟)는 돈각(頓覺)이라고도 하는데, 어느 계기에 의하여 갑자기 깨닫게 되는 경지를 말한다. 그리하여 배정태 시인은 돈오점수(頓悟漸修)하는 과정에서 작품의 소재를 발견하고, 이를 바탕으로 작품을 빚는다.

돈오(頓悟)는 불교에서 유래한 말이다. 소승에서 대승에 이르는 얕고 깊은 여러 차례를 거치지 아니하고, 처음부터 바로 대승의 깊고 오묘한 교리를 듣고 '단번에 깨닫는 경지'를 말한다. 갑자기 깨달은 뒤, 그 깨우침에 의하여 꾸준히 실천하는 것을 돈오점수(頓悟漸修)라고 한다.

그러나 평범한 사람들은 먹물이 화선지에 물들듯이 점오(漸悟)의 과정을 거친다. 예컨대 승려들이 선방(禪房)에서 정진하여 점차적으로 진리를 깨달아 나가는 과정과 같다. 이러한 깨달음을 바탕으로 높은 경지에 오르기 위해 계속하여 수련하는 것을 점오점수(漸悟漸修)라고 한다. 그렇지만 특별한 선각자들은 별안간 깨닫고, 동시에 수양도 완성되는 돈오돈수(頓悟頓修)에 이르기도 한다.

한낮 할딱거리는 한 마리 도마뱀,
오뉴월 뙤약볕 백사장 먼 길을
후끈 달은 모래알 걷어차며
달린다, 태양이 작열하는 땅.

간혹 뭉개진 추억이
돋아난 내 꼬리를 잡으면
잘라버리고 온 길바닥에
한 조각 파닥이다 멈춘 혈관들,
이 여름 모래밭이 타오르면
내 심장은 더욱 숨이 차고
자라난 꼬리뼈가 더 아프다.
돋은 뼈 찜질하듯 살다보면
불같은 모래의 따가움마저
두발로 버티는 기교가 된다.
갈증의 세월 저편
나 얼마나 모래가 더 뜨거워야
자르고 온 꼬리의 아픔을 잊을까.

—「잘린 꼬리의 아픔」 전문

시인은 오뉴월 뙤약볕이 작열하는 백사장에서 할딱거리는 도마뱀을 본다. 햇볕에 달아오른 모래알을 걷어차며 달리던 도마뱀과 자신을 오버랩 시킨다. 온갖 술수와 만행이 펼쳐지는 이 세상에서 순수를 지키기 위해서는 누구나 〈갈증의 세월〉을 감내해야 한다. 특히 적으로부터 자신을 보호하기 위해 도마뱀은 스스로 꼬리를 떼어내는 아픔을 감수한다. 이렇게 희생하여 생명을 지키는 도마뱀의 상황이 동병상련(同病相憐)으로 인식된다.

〈간혹 뭉개진 추억이/ 돋아난 내 꼬리를 잡으면/ 잘라버리고 온 길바닥에/ 한 조각 파닥이다 멈춘 혈관들,/ 이 여름 모래밭이 타오르면/ 내 심장은 더욱 숨이 차고/ 자라난 꼬리뼈가 더 아프다.〉라고 고통수러워하는 '상황의 절박함'으로 인해 이 작품은 특별한 감동을 생성한다. 〈돋은 뼈 찜질하듯 살다보면/ 불같은 모래의 따가움마저/ 두발로 버티는 기교가 된다.〉는 긍정과 함께 〈나 얼마나 모래가 더 뜨거워야/ 자르고 온 꼬리의 아픔을 잊을까.〉라는 간절한 희구(希求)가 눈물겹다.

이처럼 아픔과 절박한 상황을 담아낸 작품이 대부분 감동적이다. 개인적 정서를 환기하거나 사회적 반향(反響)을 불러오게 하여, 낱낱의 작품에 몰입하게 하는 힘을 갖추고 있다.

세상은 푸름으로 가득한데
절망에 지친 자를 위해
몸 하나 바로 세운 공간을 찾는다.
나라 위해 살다 가신 선구자
선명하게 긴 그림자 긋고 누워 계시다.
울부짖던 빈손에 들어진
암호 같은 업보들
치열한 퍼즐게임을 한다.
급박한 조국(祖國) 앞에 의연했을
유월, 임들의 뜰에
두 손 모으면
몸과 마음 무거운 하루다.
광활한 공간
불꽃처럼 산화한 넋
찬 돌에 새겨놓은 불씨 한 알을
감싸는 하늘이 아직 푸르다.

—「유월이 남긴 하늘」 전문

시인은 현충일에 즈음하여 국립 현충원을 다녀온 듯하다. 서두 〈세상은 푸름으로 가득한데〉에서 독자들은 쉽게 중국의 고사(故事)를 떠올리게 된다. 조국인 은(殷)나라가 멸망하여 애절한데, 밭의 보리가 무심하게 잘 자라는 것을 보고 기자(箕子)가 한탄했다는 '맥수지탄(麥秀之嘆)'을 유추할 수 있다. 물론 현충원을 찾아 호국정신을 기리는 우리의 상황과는 근본적으로 다르다. 나라의 위급함은 있었지만 우리는 굳건하게 나라를 지켰으며, 그 과정에서 순국한 분이나 애국지사들을 모신 현충원이기 때문이다.

〈울부짖던 빈손에 들여진/ 암호 같은 업보들〉을 되살리려는 지향이 아름답다. 〈급박한 조국(祖國) 앞에 의연했을/ 유월〉이지만, 오랜 세월이 흘러 이제 어느 정도 치유가 되고 있는 아픔이지만, 겨레끼리 서로 가슴에 총부리를 겨누고 다투던 동족상잔의 응어리는 쉽게 풀어지지 않을 것이다. 그 과정에서 〈불꽃처럼 산화한 넋〉을 기리며, 차가운 비석에 새겨 놓은 〈불씨 한 알〉의 의미를 되새기게 하는 작품이다.

4. 에필로그

배정태 시인은 약자의 편에 감정을 이입하는 경향이 있다. 그의 심성이 곱고 섬세하기 때문일 터이다. 〈뻐꾸기 울면/ 오뉴월 산판은 긴장을 한다./ 헛공사 텅 빈 마음 눈뜨고 당하는/ 힘없는 새들/ 그들이 남긴 눈물사연 오만가지〉라면서 개똥지

빠귀나 오목눈이의 서러움을 대신 노래한다. 뻐꾸기는 둥지를 지어 포란(抱卵)하지 않고, 다른 새의 둥지에 탁란(托卵)하여 번식하는데, 이를 비판적 시각으로 빚은 작품이 「뻐꾸기 울음」이다.

또한 안타까운 정서를 유발하는 형상화에도 뛰어나다. 〈가을은 설익은 언어를 지우려고/ 먼 가지부터 물들기 시작한다./ 잘못 던진 말 한 마디/ 돌덩이 되어 가슴에 쏟아지는 날/ 메마른 계곡에서부터/ 늦은 후회처럼 물이 든다.〉고 노래한 「가을날의 늦은 대화」처럼 애상(哀傷)을 노래하지만, 끝내는 〈빈약한 내 언어 속에/ 한 송이 꽃으로 필 수 있다면 좋겠다.〉는 소망을 담는다. 그래서일까, 그는 상생의 의미를 되새기며, 아름다운 서정을 가꾸는데도 능하다.

드르륵드르륵 아직도 돈다.
돌밭 땡볕에
목이 타다 익은 씨앗들
비리고 불어터진 삶을 정리한다.
듬직한 상하는 돌짐무게로
마주치면 으르렁대다가도
한입가득 생콩을 물고 나면
어처구니가 한결 가볍다.
모두들 천상의 배필 같다는
꼭 닮은 아래위 한 쌍
중심을 잡아주는 밑짝의 중쇠가
휘청거리는 세상을 잡아주고
상하가 뒤바뀐 세상에

때론 맷돌 닮은 삶이
더욱 윤기 있고 짭짤하다.
오늘도 서해바다엔
짭짤한 맷돌이 드르륵 돈다.

—「맷돌」 전문

시인은 맷돌의 구조(構造)와 설화(說話)를 융합하여 상생(相生)의 의미를 새긴다. 서두의 〈드르륵드르륵 아직도 돈다.〉, 결미의 〈오늘도 서해바다엔/ 짭짤한 맷돌이 드르륵 돈다.〉는 설화에 바탕을 둔 수미상응(首尾相應)의 효과적 구성이다. 설화에 의하면, 가난한 집에서 맷돌을 얻었는데, 그 맷돌에 쌀을 넣고 돌리면 쌀이 나오고, 소금을 넣고 돌리면 소금이 나왔다는 것이다. 그런데 더 욕심을 내느라고, 소금을 넣고 계속 돌리다 보니, 그 맷돌이 쉬지 않고 소금을 생산하여 바다에 빠지게 되고, 그 맷돌이 지금까지 돌고 있기 때문에 바닷물이 짜게 되었다는 설화적 해석이다.

이 바탕에서 '맷돌'의 구체적 기능이 작품의 중심을 이룬다. 〈모두들 천상의 배필 같다는/ 꼭 닮은 아래 위 한 쌍/ 중심을 잡아주는 밑짝의 중쇠가/ 휘청거리는 세상〉을 잡아주기 때문에 맷돌이 제 역할을 다할 수 있다는 것이다. 특히 현대사회는 〈상하가 뒤바뀐 세상〉이어서 휘청거리는 세상을 잡아주는 〈맷돌 닮은 삶〉이 그립다고 한다.

이와 같이 배정태 시인은 사물에서 삶의 이치를 궁구하고, 깨달음을 바탕으로 작품을 창작한다. 특히 약자에 대한 연민의

정서를 노래하면서도, 상생의 의미를 되새기고 있기 때문에 망칠(望七)의 그가 펼칠 새로운 시경(詩境)을 기대하게 한다.

적도에 이는 바람

배정태 시집

발 행 일 | 2013년 2월 13일
지 은 이 | 배정태
발 행 인 | 李憲錫
발 행 처 | 오늘의문학사
출판등록 | 제55호(1993년 6월 23일)
주　　소 | 대전광역시 동구 삼성1동 125-6 한밭오피스텔 401호
전화번호 | (042)624-2980
팩시밀리 | (042)628-2983
홈페이지 | http://www.lito77.co.kr(홈페이지)
전자우편 | hs2980@hanmail.net

공 급 처 | 한국출판협동조합
주문전화 | (070)7119-1741~2
팩시밀리 | (031)944-8234~6

ISBN 978-89-5669-538--9
값 8,000원